Gästebuch für:

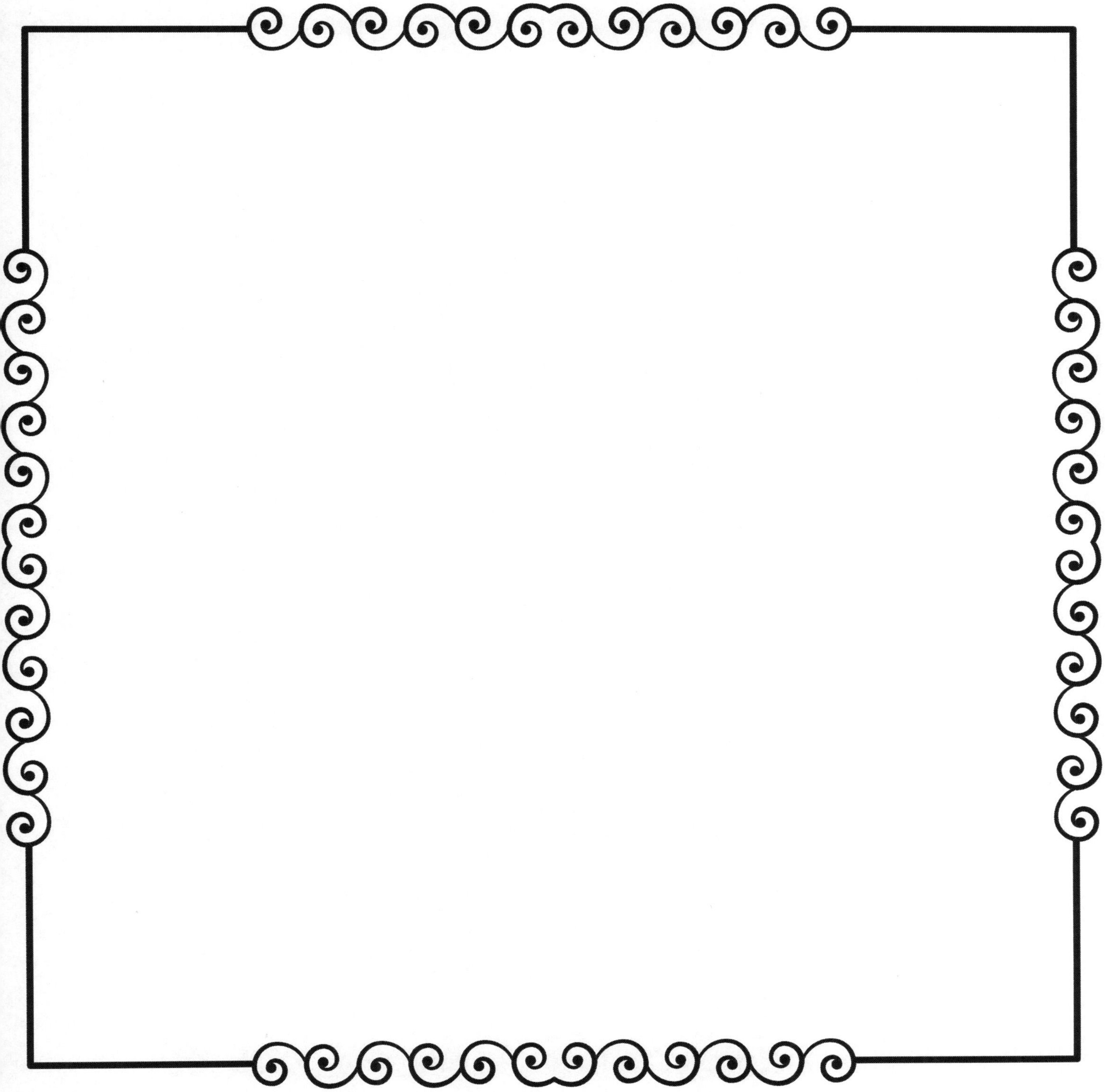

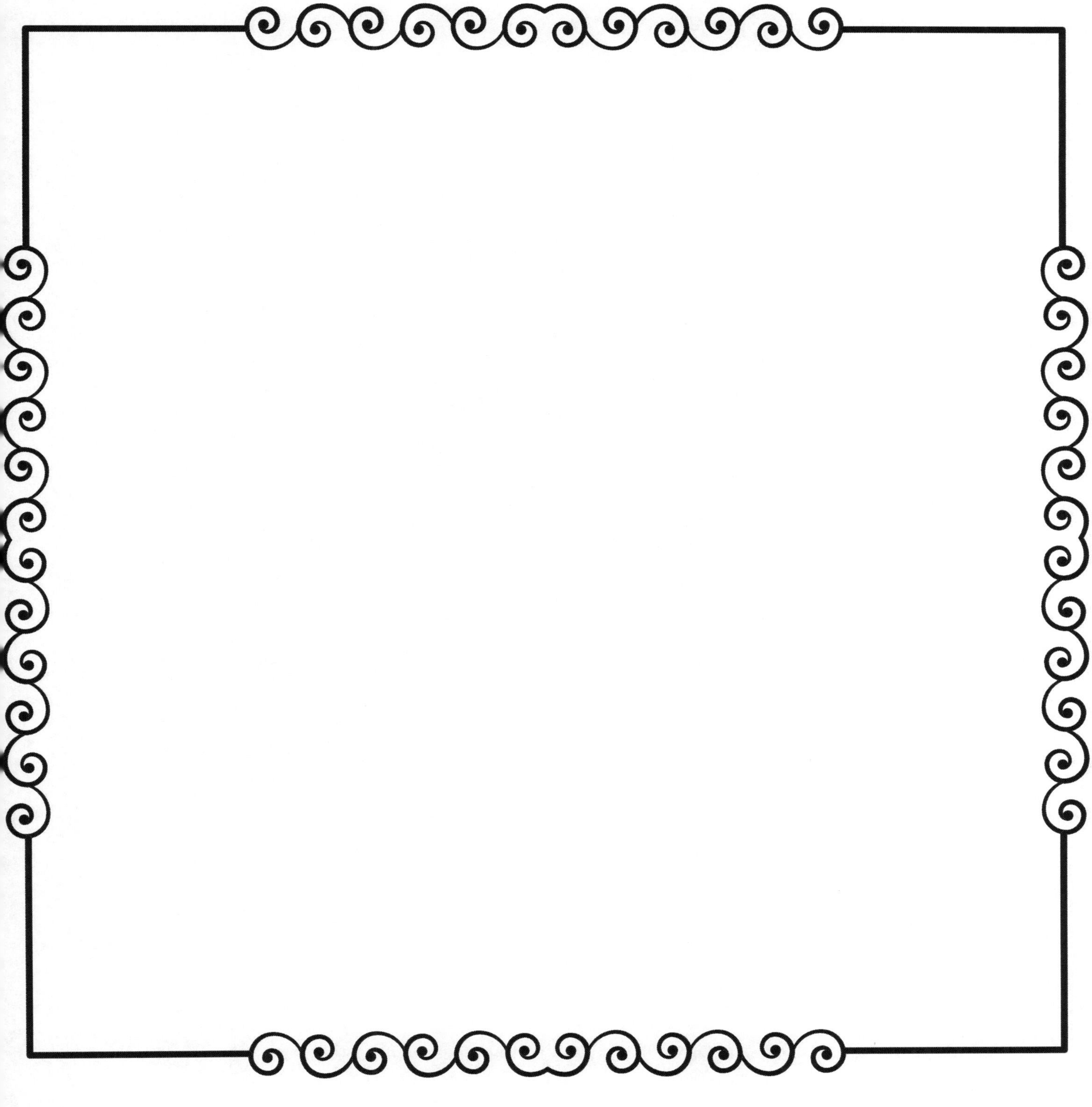

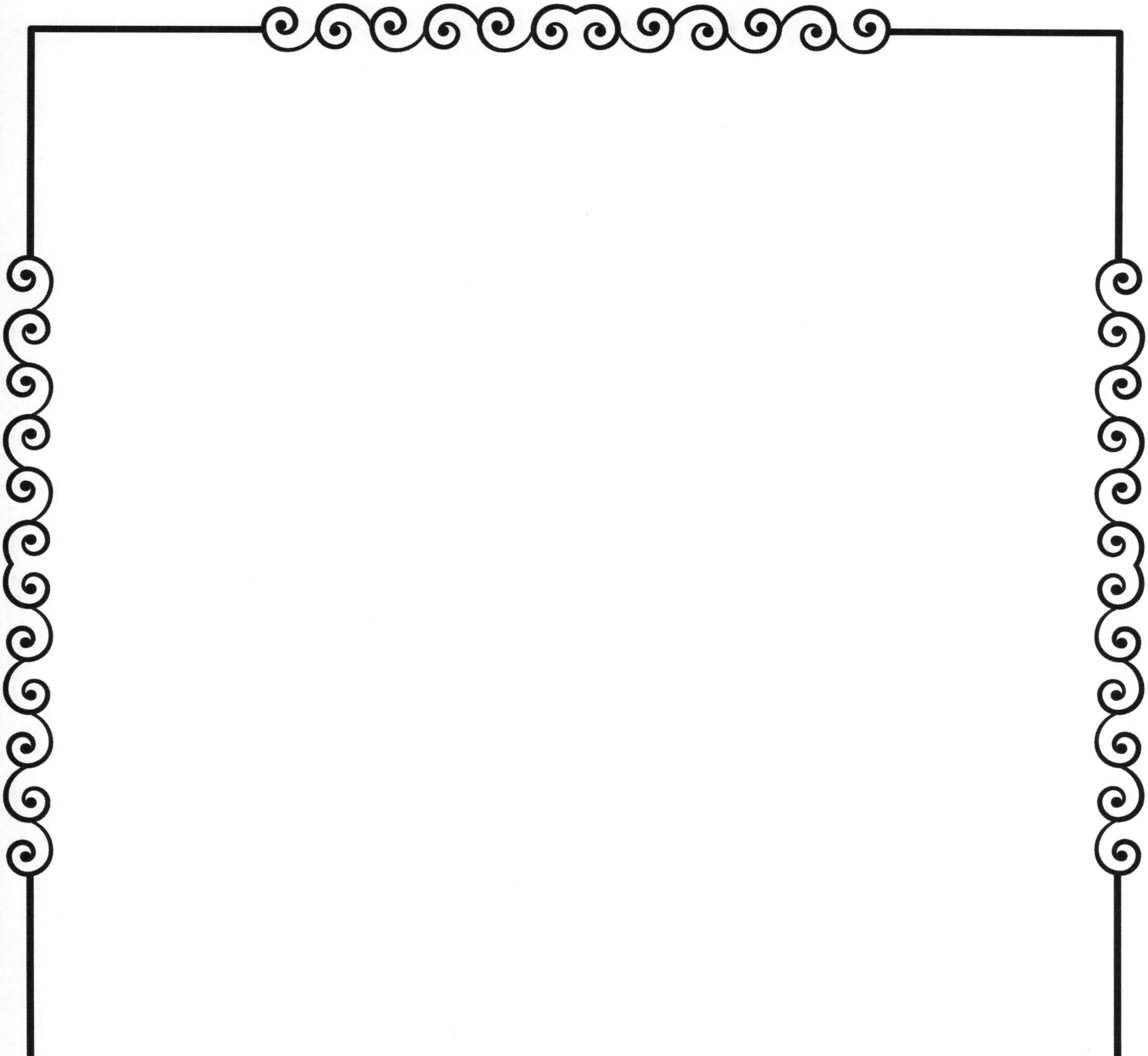

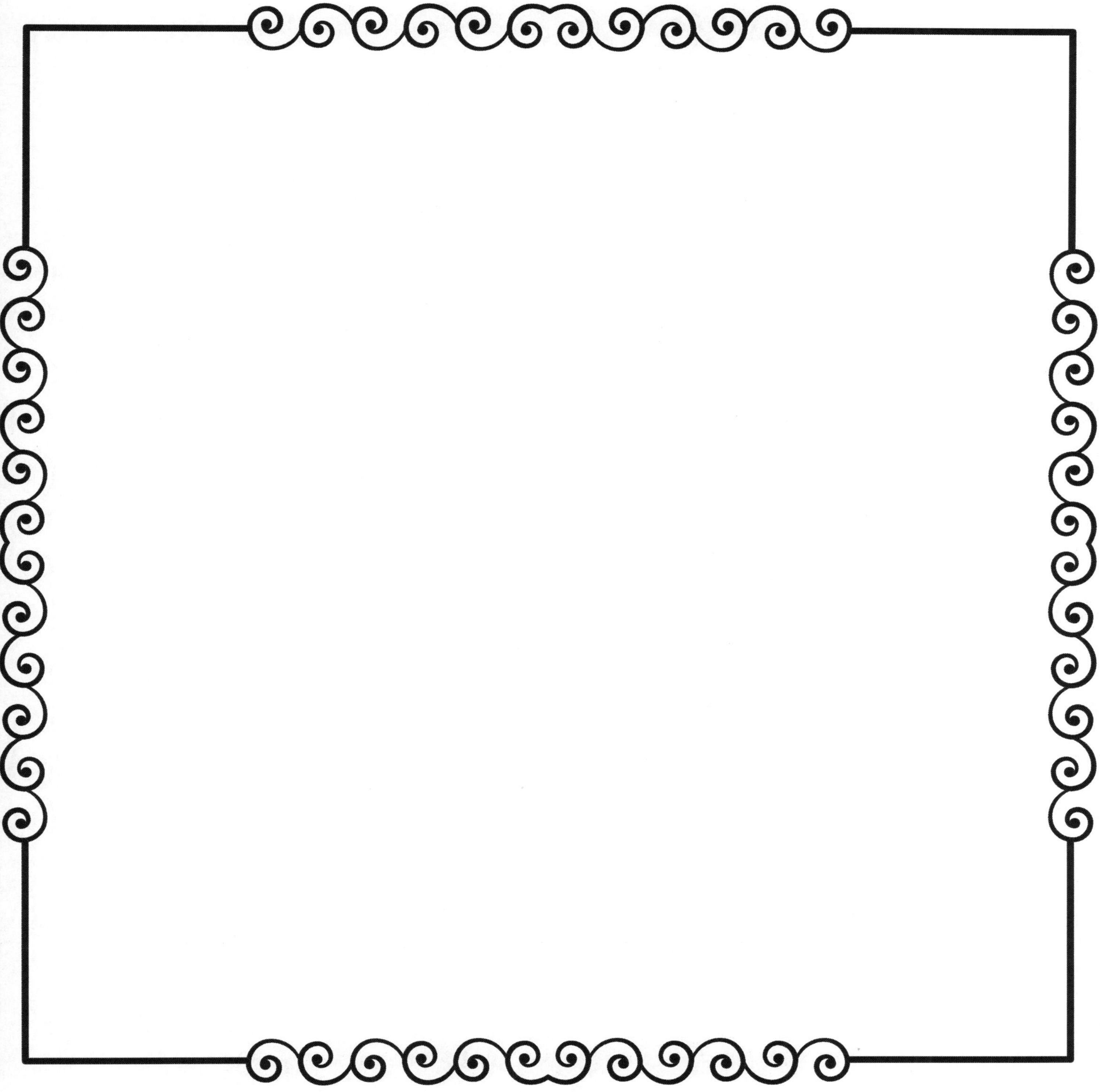

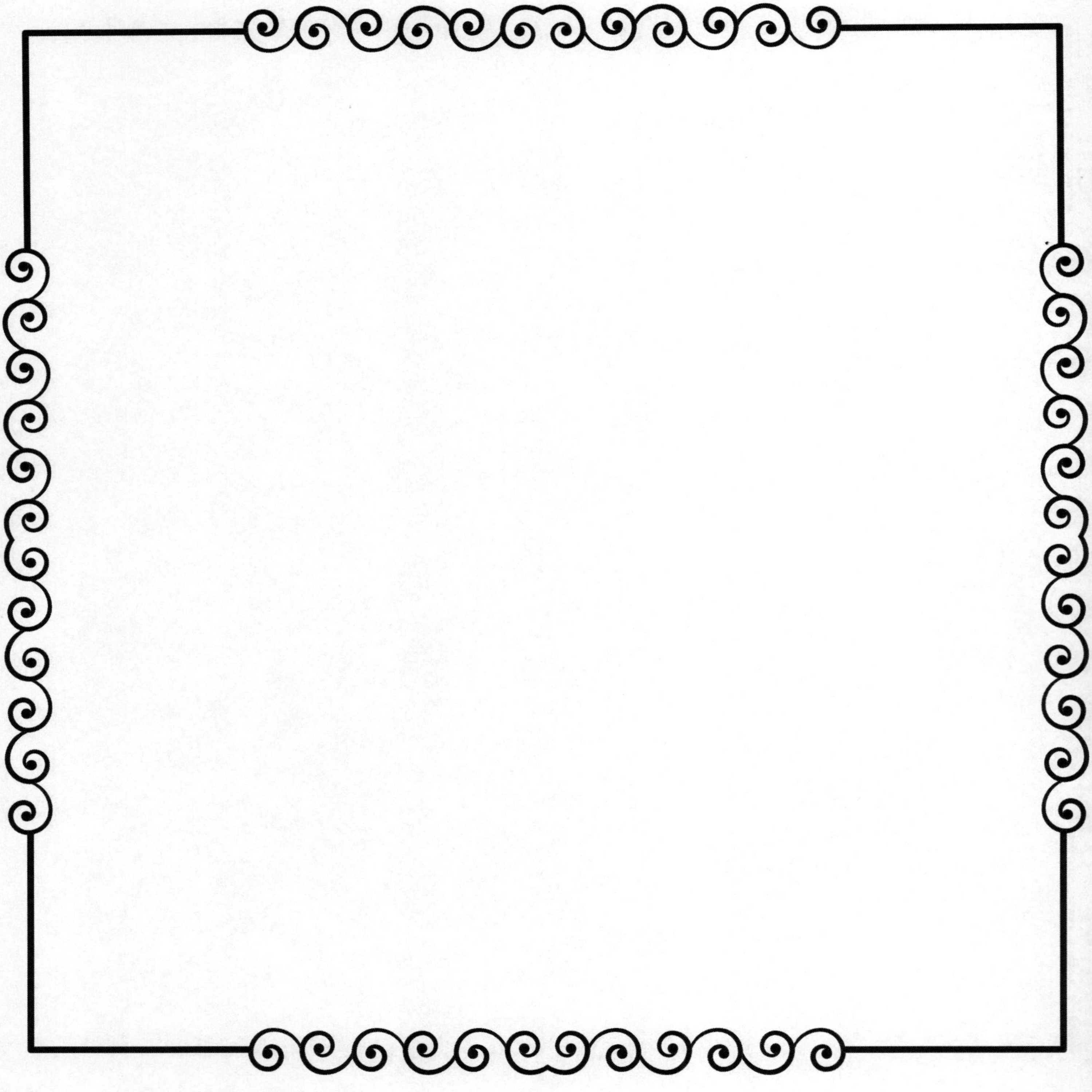

Printed in Poland
by Amazon Fulfillment
Poland Sp. z o.o., Wrocław

36691677R00058